Yf 1139H

RÉFLEXIONS SOMMAIRES

PRÉSENTÉES

A L'ASSEMBLÉE NATIONALE,

POUR LES

Entrepreneurs et Acteurs des Spectacles de Province;

Contre la corporation des Auteurs dramatiques et lyriques.

RÉFLEXIONS SOMMAIRES

PRÉSENTÉES

A L'ASSEMBLÉE NATIONALE,

POUR

Les Entrepreneurs et Acteurs des Spectacles de Province ;

Contre la corporation des Auteurs dramatiques et lyriques.

Les pièces imprimées et gravées sont-elles une propriété publique ? Celui qui les achete a-t-il le droit de les jouer, soit pour son plaisir, soit en spéculant sur des bénéfices ? Telle est la question qui s'élève entre les auteurs et les spectacles de province.

La loi du 13 janvier 1791 la fait naître : les auteurs qui ont réclamés contre les réglemens qui gouvernoient les théâtres de Paris, ont voulu étendre le décret rendu en leur faveur, à tous les spectacles de province, et établir un impôt général sur ces théâtres.

Cependant, si on lit le rapport fait au nom du comité de constitution, à la séance du 13 janvier 1791, on voit qu'il n'étoit question que de détruire les privilèges des théâtres de Paris, de rendre aux auteurs la propriété des pièces qu'ils avoient vendues, où dont les théâtres se prétendoient propriétaires en exécution des réglemens. Ils vouloient qu'il fût permis d'établir de nouveaux théâtres, qu'aucuns d'eux n'eût un genre propre, qu'ils pussent indifféremment jouer toutes les pièces. Voilà l'objet du rapport, voilà les seules questions qui furent soumises alors à la discussion de l'assemblée nationale constituante; et comme ce rapport ne peut être considéré que comme le préambule de la loi, qu'il ne peut exister aucun doute sur les motifs qui ont déterminé le législateur, il est de toute évidence que le décret du 13 janvier 1791, n'a eu pour objet que l'abolition des privilèges dont jouissoient les théâtres de Paris.

Mais les auteurs dramatiques et lyriques avoient des vues plus étendues, et le décret étoit à peine rendu qu'ils ont développé un système vraiment inouï.

D'abord ils se sont unis en corps; ils ont nommé un agent général; ensuite ils ont fait un réglement par lequel ils ont arrêté que tous les spectacles du royaume leur payeroient une rétribution déterminée, pour chaque pièce ; et afin qu'on ne put pas douter de leurs vues, ce réglement est précédé par l'état des pièces composées par les auteurs qui ont signé l'acte d'union ; pièces qui ont été imprimées et gravées depuis vingt et trente ans, et que les théâtres des provinces sont en possession de jouer, sans que jamais aucun auteur ait reclamé la plus légère rétribution.

Cette spéculation de finance a alarmé tous les spectacles ; les entrepreneurs qui ont déja assez de peine pour soutenir leurs différens théâtres, ont senti qu'il falloit les fermer ou obtenir une loi qui réduisit la prétention des auteurs à sa juste valeur.

De-là les pétitions présentées à l'assemblée nationale ; de-là les réclamations de tous les théâtres contre la loi du 13 janvier 1791.

Les auteurs qui eussent dû peut-être se rendre justice eux-mêmes, ont cru leur gloire intéressée à soutenir leur système oppresseur. Ils viennent de faire imprimer une réponse qui contient le développement des moyens, à l'aide desquels ils tentent de le justifier.

Les entrepreneurs des spectacles ne les suivront point dans tous leurs raisonnemens, ils s'attacheront uniquement à la question de droit, question absolument entière, et que le décret du 13 janvier 1791 n'a en aucune manière préjugée.

Une pièce imprimée ou gravée est *une propriété qui appartient à celui qui l'achete*. L'auteur d'un drame, comme de toute autre invention, n'a aucun droit de suite sur la chose qu'il a inventée sur la composition, qui est le fruit de son génie, dès l'instant *qu'il l'a rendue publique par l'impression et par la vente* ; il ne peut plus exiger que l'acheteur lui rende compte de l'emploi qu'il fera de la chose qu'il a vendue.

La conséquence nécessaire de la vente qui est faite de la pièce composée ou de la machine inventée, est que l'acquéreur peut en faire ce qui lui plaît et en user pour son plus grand avantage, sa plus grande commodité, son plus grand profit.

En effet, l'acquéreur de la chose mise en vente, spécule en achetant, ou sur ses jouissances personnelles, ou sur le gain qu'il peut faire soit en vendant lui-même la chose dont il est devenu propriétaire, soit en faisant participer des tiers à sa jouissance, moyennant un prix convenu.

Un particulier loue un salon spatieux, le meuble avec luxe et annonce au public qu'il recevra tous les amateurs pour lire toutes les pièces nouvelles, les jouer, ou exécuter les partitions moyennant une somme déterminée par séance; Il ajoute qu'il louera aussi ces mêmes pièces, cette même musique, pour une somme donnée suivant la nature de l'ouvrage.

On demande si les auteurs qui ont composé les pièces et la musique, pourroient prétendre que celui qui ouvre le salon, n'a pas le droit de faire exécuter chez lui les morceaux de musique, la pièce entière, sans leur payer une rétribution quelconque par jour, attendu qu'il retire un bédéfice de sa spéculation.

Non sans doute, et s'ils élevoient cette prétention, on leur répondroit : votre propriété étoit circonscrite et limitée à l'usage que vous étiez le maître absolu de faire de la chose que vous avez inventée, vous pouviez la conserver ou la rendre publique; vous pouviez en la rendant publique y attacher un certain prix, mais ce prix une fois reçu. votre droit est épuisé et vous ne pouvez plus examiner quel usage l'acquéreur fait de la propriété que vous lui avez transmise, car il faudroit aller jusqu'à dire que vous avez la faculté de mettre un impôt sur l'industrie de l'acquéreur, et que votre propriété s'étend sur une spéculation qui vous est parfaitement étrangère.

Les auteurs diroient-ils encore qu'on doit les autoriser à percevoir l'impôt, parce que celui qui ouvriroit un salon, pourroit retirer de ses abonnés une rétribution qui ne peut pas être comparée à la foible dépense qu'il auroit faite pour se procurer une pièce qui lui coûte vingt-quatre sous, une partition qu'il paie vingt ou trente liv. ; mais on sent qu'une semblable remarque seroit si pitoyable, qu'elle ne vaudroit pas l'honneur d'une réfutation sérieuse.

Ce que l'on dit du particulier qui ouvriroit un salon aux arts, s'applique aux spectacles. Un directeur est instruit qu'une pièce a du succès et il cherche les moyens de se la procurer. Si l'auteur l'a conservée dans son portefeuille, il traite de sa propriété, moyennant un prix convenu; s'il la rendue publique par la voix de l'impression, il s'adresse a ceux qui ont *le droit exclusif* de la vendre, en fait l'acquisition, distribue les roles, fait travailler aux habits, aux décorations, et lorsqu'il a fait tous les frais nécessaires et toujours très-considérables pour monter la pièce, il annonce comme le maître du salon qu'on la jouera sur son théâtre, et que les billets d'entrée coûteront tant. Si la pièce est goutée, il se couvre de ses dépenses et fait les bénéfices qu'il doit raisonnablement attendre de sa spéculation; si elle tombe, il supporte tous les frais en pure perte.

En quoi le directeur a-t-il nui à l'auteur? quelle entreprise a-t-il fait sur sa propriété? que possédoit-il après avoir vendu sa pièce, après l'avoir rendue publique? Rien absolument; si ce n'est la gloire attachée aux chefs-d'œuvres de sa composition, et cette propriété ne peut ni lui être ravie, ni être mise dans le commerce.

Ces idées sont simples et elles décident la question; une pièce gravée ou imprimée est un meuble qui se vend, se cède, se transporte comme tous les autres meubles; l'acquéreur peut faire sur cette acquisition, toutes les spéculations que son industrie peut lui inspirer, sans que celui qui a vendu puisse le gêner dans le libre exercice qu'il fera de sa propriété.

Mais nous n'avons vendu les pièces que pour les imprimer, et non pour les représenter. Nous avions deux droits utiles, celui de l'impression et de la représentation. Nous avons cédé le premier, mais nous nous sommes toujours réservé le second.

Cette distinction est absolument imaginaire;

es les auteurs s'attribuent ici un droit qui ne leur a jamais appartenu.

On dit d'abord que la distinction est imaginaire, car il est impossible de concevoir que celui qui achète une chose n'ait pas le droit d'en disposer pour son utilité ou pour son plaisir.

En second lieu, le droit d'autoriser la représentation ne leur a jamais appartenu, et il ne faut à cet égard que rappeller quelques faits.

L'auteur d'un ouvrage étoit le maître, autrefois de le garder dans son porte-feuille, ou de le rendre public; ce dernier parti étoit toujours celui qu'il préféroit, parce qu'il s'accordoit avec sa gloire et avec son intérêt.

S'il s'agissoit d'un ouvrage de théâtre, il avoit deux permissions à demander au législateur; la première, d'imprimer; la seconde, de faire représenter. L'ouvrage alors étoit soumis à la censure, et le magistrat qui devoit veiller sur les mœurs, devenoit responsable de la permission qu'il accordoit.

Ainsi, toutes les pièces de théâtre étoient imprimées avec cette formule: vu l'approbation, permis de *représenter* et imprimer.

L'auteur qui avoit obtenu cette permission ou faisoit imprimer sa pièce à ses frais, et en conservoit tous les exemplaires pour les vendre à son profit, ou la vendoit à un libraire, ou à un graveur; et dans l'un ou l'autre cas, soit l'auteur, soit l'acquéreur, étoient obligés d'obtenir des patentes, contenant privilège d'imprimer, vendre et débiter la pièce pendant un temps déterminé, dans toute l'étendue du royaume, avec défenses à tous autres d'imprimer, vendre et débiter le même ouvrage pendant le même temps, à peine de confiscation et d'amende.

Pourquoi l'auteur, ou l'acquéreur, étoient-ils forcés d'obtenir ce privilège? C'est que sans cela l'ouvrage une fois rendu public par l'impression, *désaisissoit tellement l'ancien propriétaire de sa propriété, qu'il n'avoit pas le droit de s'opposer à ce qu'un tiers imprimât et vendît la chose devenue publique par la tradition libre et volontaire de l'auteur de la pièce, s'il n'avoit pas un privilège exclusif.*

Ces principes ont-ils changés? Non. Le magistrat permettoit d'imprimer et de représenter, et il répondoit de cet acte. Aujourd'hui la loi qui ne veille pas moins sur les mœurs, a rejetté tout le poids de la responsabilité sur les auteurs et sur les comédiens, et c'est sous cette condition qu'ils peuvent aujourd'hui, en signant leurs ouvrages, les faire imprimer et représenter.

Mais s'ils les rendent publics par la voie de l'impression ou de la gravure, leurs idées, leurs vers, leur prose, leur musique deviennent une propriété publique, et ils sont rangés à cet égard dans la classe de tous les artistes, de tous les inventeurs qui n'ont aucun droit de suite sur les fruits de leur génie ou de leur imagination.

Il existe cependant un moyen pour conserver cette propriété, pour empêcher qu'un imprimeur avide la ravisse, et le moyen est indiqué par la loi du 7 janvier 1791.

Un auteur ne peut plus aujourd'hui obtenir de privilège exclusif. Rangé dans la classe de tous les artistes, de tous les inventeurs, il n'est plus dans le cas de recourir à l'autorité du prince, pour le faire jouir sans risques de la chose qu'il a imaginée.

Cependant, l'assemblée nationale constituante a senti que l'inventeur, que l'auteur devoient jouir d'un privilège, et que l'on se priveroit des lumières des auteurs, si on les privoit d'un droit de suite sur leurs ouvrages. En conséquence, elle a décrété que tout auteur jouiroit d'un privilège exclusif, en obtenant un brevet d'invention.

Cette loi n'a fait que confirmer le principe général que l'on a établi, c'est que toute invention, toute découverte dans les arts, dans les sciences, est une propriété publique dès que que l'auteur a mis en vente, a publié le fruit de ses veilles et de ses méditations.

Supposons, par exemple, qu'un artiste soit parvenu à découvrir à grands frais, un instrument propre à la navigation, et qui met en état de calculer avec la plus exacte précision, les différentes hauteurs; supposons que cette découverte eût coûté des travaux immenses, et que son utilité place l'inventeur au rang des bienfaiteurs de la patrie. Dans ce cas, s'il met en vente l'instrument qu'il a imaginé, sans se munir d'un brevet d'invention, l'artisan qui vit près de lui celui qui n'a que des yeux et des bras et l'habitude de manier le ciseau, fera le lendemain un instrument pareil et le vendra à côté de l'inventeur, sans que celui-ci ait le droit de se plaindre; car il étoit le maître sous l'ancien régime d'obtenir un privilége exclusif, et, sous l'empire de la loi, un brevet d'invention.

Les auteurs dramatiques et lyriques seroient-ils rangés dans une classe privilégiée? Quelle différence mettra-t-on entre l'auteur qui éclaire son siécle en l'amusant, et celui qui perfectionne les arts utiles et qui peut enrichir sa patrie par ses découvertes et ses travaux. Les uns et les autres marchent sans doute sur la même ligne, ont droit aux mêmes honneurs, aux mêmes hommages. Ils doivent donc être jugés d'après les mêmes principes. La propriété d'une tragédie n'est pas plus précieuse, plus utile, que la propriété d'un instrument qui pourroit nous donner la plus grande supériorité dans la navigation. Pourquoi l'un en publiant sa découverte, perdroit-il la propriété utile, le droit d'empêcher au tiers d'en disposer; et l'autre en imprimant sa tragédie conserveroit-il un droit de suite tel que celui qui auroit acquis un ou plusieurs exemplaires, ne seroit pas le maître de la faire jouer sans payer un impôt à l'auteur.

Et qu'on ne dise pas que la question est jugée par les décrets; celui du 13 janvier n'a été rendu que pour les théâtres de Paris; cette vérité est démontrée par le rapport. Les auteurs qui n'osoient pas découvrir alors les vues ambitieuses qui les animoient, ont voulu mettre ce décret à exécution contre les théâtres de province. Les obstacles qu'ils ont rencontrés, les ont déterminé à recourir à l'assemblée, et ils lui ont exposé que leur propriété étoit attaquée sous le prétexte d'un privilége exclusif accordé aux théâtres, par les gouverneurs de province, et c'est sur ce motif unique que le décret du 19 juillet 1791, a été rendu. On peut se convaincre de cette vérité en ouvrant le logographe, tome 30, page 162.

Or jamais les comédiens n'ont dit dans aucun temps que les priviléges qu' ls tenoient des gouverneurs leur donnoient le droit exclusif de jouer les pièces des acteurs vivans.

S'ils eussent été appellés, alors ils auroient fait valoir les mêmes moyens qu'ils présentent aujourd'hui. Ils auroient dit à l'assemblée, qu'ils jouoient les pièces parcequ'étant publiques par l'impression et la gravure, elles étoient devenues la propriété de ceux qui les avoient acquises, pour en jouir ainsi et de la manière qui convenoit le mieux à leurs intérêts; ils auroient dit que la pièce imprimée et gravée étoit, comme toutes les inventions faites dans les arts libres, une propriété publique; et l'assemblée eût alors consacré un principe auquel elle ne paroît avoir porté atteinte que parce qu'on lui a déguisé le véritable état de la question.

Rejettons-donc cette distinction chimérique entre le droit d'imprimer et le droit de faire représenter. La représentation est comme la lecture, *la jouissance de la chose acquise*, elle est inséparable du droit qu'acquère l'acheteur, de jouir, faire et disposer de sa chose comme il lui plaît.

Faut-il maintenant revenir sur la possession paisible et publique des théâtres du royaume, possession immémorialle, et qui n'a jamais été troublée par aucune réclamation; possession tellement respectable qu'elle confirme le principe et prouve qu'on n'y a jamais dérogé dans aucuns temps.

Les auteurs prétendent que s'ils n'ont pas réclamé, c'est qu'ils n'étoient pas libres de faire valoir leurs droits. Accoutumés à suivre tous les élans de leur imagination, à composer des fables qu'ils savent nuancer suivant le besoin des situations, ils font le tableau le plus hideux de ce qu'ils appelent le scandale de l'ancienne administration.

Mais qu'ils citent l'ordre, l'arrêt du conseil qui leur a imposé silence lorsqu'ils ont hasardé une réclamation; qu'ils produisent des demandes, des jugemens qui les ayent repoussées, ou des réglements qui ayent mis quelques entraves à l'exercice de leur propriété. Croyent-ils donc que de grandes phrases sont des moyens, et qu'il suffit de déclamer contre l'ancien régime pour être cru sur parole?

Il n'existoit d'autre loi avant 1791, que celle qui décidoit qu'un auteur qui n'obtenoit pas un privilége, ne pouvoit pas se plaindre, n'avoit même aucune action, si on imprimoit ou gravoit la pièce publiée par lui. Au reste il étoit le maître absolu de garder son manuscrit dans son porte-feuille, de le vendre à plusieurs théâtres de province, ou de le rendre public, en le faisant imprimer. Son intérêt étoit la règle unique qui déterminoit ses spéculations ; il n'existoit ni lois ni réglemens pour les théâtres placés hors de la capitale. Il suffisoit que l'auteur eut obtenu une permission de faire représenter et imprimer, pour qu'il put disposer de sa propriété comme il lui plaisoit.

Or, si ce point de fait est certain, si les auteurs sont dans l'impuissance de rapporter ni lois ni jugemens, ni même d'ordres arbitraires, qui leur ayent fait défenses de vendre leurs pièces aux théâtres de provinces, ou d'exiger d'eux un impôt pour obtenir le droit de jouer des pièces imprimées ou gravées, que viennent-ils demander aujourd'hui ? Quoi, M. Delaharpe qui a signé un acte conçu en ces termes : » Je soussigné, reconnois avoir *vendu* » et transporté *pour toujours et sans aucune ré-* » *serve de ma part quelconque*, à M. Duchêne,

» Libraire à Paris, une tragédie de Varvick, » pour qu'il la faſſe imprimer toutes les fois » qu'il le jugera à propos, et en jouisse, *lui ou* » *ses ayans cause, comme de chose à lui appar-* » *tenante,* » a encore conservé des droits à la propriété de cette pièce, à celles de Timoleon et de Mélanie, qu'il a vendu dans les mêmes termes.

Ainsi, on accorderoit à une classe de citoyens qui ont tous souscrit et souscrit très-librement, sans y être contraints par aucune loi, des actes de ventes semblables, le privilège exorbitant de détruire les marchés qu'ils ont faits.

Car enfin quel motif détermine l'imprimeur, le graveur à acquérir les pièces de théâtre; il n'en existe qu'un seul, et leur calcul à cet égard est bien facile à saisir. Plus les représentations d'une pièce sont multipliées, plus on la joue sur plusieurs théâtres à la fois, dans toute l'étendue du royaume, plus ils vendent d'exemplaires de l'ouvrage. Le spectateur desire lire la pièce qui lui a fait verser des larmes. L'amateur veut exécuter le morceau dont il a admiré les beautés, la vente est donc essentiellement attachée au sort des représentations, à leurs succès; il n'y a pas un auteur qui puisse disconvenir de cette vérité.

Cependant, ils osent réclamer dans cet instant, ils osent dire qu'en vendant, qu'en rendant leurs pièces publiques, ils n'ont pas entendu transporter le droit de les jouer.

Ah sans doute les auteurs qui ont formé la corporation que les entrepreneurs des spectacles et les comédiens attaquent dans cet instant, n'ont pas senti quelles étoient leurs véritables intérêts, peu faits aux calculs de finance, ils n'ont été éblouis que par les résultats. Revenus de cet engouement, ils seront les premiers à applaudir à un décret, qui en respectant la propriété publique et la propriété privée, confirmera les comédiens dans la jouissance d'un droit qu'il est impossible de leur contester avec quelque justice.

A PARIS,

De l'Imprimerie de la rue des NONAINDIÉRES.

1791.

www.ingramcontent.com/pod-product-compliance
Lightning Source LLC
Chambersburg PA
CBHW071415060426
42450CB00009BA/1893